BEI GRIN MACHT SICH IHR WISSEN BEZAHLT

- Wir veröffentlichen Ihre Hausarbeit, Bachelor- und Masterarbeit

- Ihr eigenes eBook und Buch - weltweit in allen wichtigen Shops

- Verdienen Sie an jedem Verkauf

Jetzt bei www.GRIN.com hochladen und kostenlos publizieren

Bibliografische Information der Deutschen Nationalbibliothek:

Die Deutsche Bibliothek verzeichnet diese Publikation in der Deutschen Nationalbibliografie; detaillierte bibliografische Daten sind im Internet über http://dnb.d-nb.de/ abrufbar.

Dieses Werk sowie alle darin enthaltenen einzelnen Beiträge und Abbildungen sind urheberrechtlich geschützt. Jede Verwertung, die nicht ausdrücklich vom Urheberrechtsschutz zugelassen ist, bedarf der vorherigen Zustimmung des Verlages. Das gilt insbesondere für Vervielfältigungen, Bearbeitungen, Übersetzungen, Mikroverfilmungen, Auswertungen durch Datenbanken und für die Einspeicherung und Verarbeitung in elektronische Systeme. Alle Rechte, auch die des auszugsweisen Nachdrucks, der fotomechanischen Wiedergabe (einschließlich Mikrokopie) sowie der Auswertung durch Datenbanken oder ähnliche Einrichtungen, vorbehalten.

Impressum:

Copyright © 2013 GRIN Verlag
Druck und Bindung: Books on Demand GmbH, Norderstedt Germany
ISBN: 9783668645783

Dieses Buch bei GRIN:

https://www.grin.com/document/413229

Sabine Utheß

Differenzierung als wesentliches Element der Leistungssteigerung im Deutschunterricht der Sekundarstufe I

Ein Beitrag zur aktuellen didaktischen Diskussion

GRIN Verlag

GRIN - Your knowledge has value

Der GRIN Verlag publiziert seit 1998 wissenschaftliche Arbeiten von Studenten, Hochschullehrern und anderen Akademikern als eBook und gedrucktes Buch. Die Verlagswebsite www.grin.com ist die ideale Plattform zur Veröffentlichung von Hausarbeiten, Abschlussarbeiten, wissenschaftlichen Aufsätzen, Dissertationen und Fachbüchern.

Besuchen Sie uns im Internet:

http://www.grin.com/

http://www.facebook.com/grincom

http://www.twitter.com/grin_com

Sabine Utheß
Differenzierung als wesentliches Element auf dem Weg der Leistungssteigerung im Deutschunterricht der Sekundarstufe I

Vor kurzem sollte ich auch einen Vortrag halten. Dafür hatte man mir das folgende Thema vorgeschlagen: *Wie kann Differenzierung zugleich nach unten und nach oben gelingen?* Für die Beantwortung dieser Frage bräuchte ich keine Viertelstunde, denn die Antwort lautet kurz: „Überhaupt nicht." Das will ich auch begründen: Beim Zusammenlegen von Schulen oder auch in einer heterogenen Klasse fragt man sich zuerst: Wo soll das allgemeine Anforderungsniveau liegen? Anforderungsniveau – das betrifft die Umfänge, Lernzeiten und Schwierigkeiten. Die am meisten gegebene Antwort lautet: allgemeines Anspruchsniveau in der Mitte (mittelschwere Anforderungen, Realschulniveau) und für starke Schüler oben etwas dazu (Richtung Gymnasialniveau), für schwache Schüler nach unten (Richtung Hauptschulniveau) werden leichtere bzw. kürzere Texte, Aufgaben und zusätzliche Hilfen angeboten. Das scheint alles erst mal sehr logisch, fast alternativlos. Bei manchen Schularten werden die Bildungspläne ähnlich strukturiert (drei in einem)
Nun schauen wir uns das aber einmal aus der Sicht der so genannten schwächeren Schüler an. Das allgemeine Anforderungsniveau liegt also meist wesentlich höher und ist in der gegebenen Zeit mit der angebotenen Übungsmenge von diesen Schülern (sagen wir mal 30 Prozent) nicht oder nur mit großen Abstrichen zu realisieren. Deshalb wird versucht, kompensatorisch für die Kinder, die mit dem allgemeinen Niveau Schwierigkeiten haben, z. B. auch einen höheren Zeitbedarf haben, „nach unten" differenziert, werden leichtere Aufgaben, geringere Umfänge, mehr Hilfen angeboten.
Was bedeutet das? (Beispiel Lesen)
1. Die Schüler mit geringerer Lesekompetenz (weniger Automatismen in den Lesetechniken), die eigentlich einen erhöhten Bedarf an Leseumfang und Leseübung haben, lesen in der gegebenen Zeit immer weniger als das allgemein vorgesehen ist. Das führt zwangsläufig wegen der fortwährenden Unterdeckung ihres tatsächlichen Bedarfes zu einem immer größeren Abstand zum allgemeinen Anforderungsniveau, zu immer größeren Defiziten in der Lesekompetenz. Die, die eigentlich mehr üben müssten, üben tatsächlich weniger. Ihr Zurückbleiben ist vorprogrammiert.
2. Die betreffenden Schüler sind natürlich wiederum nicht in der Lage, die sich an das Lesen anschließenden Aufgaben ohne Abstriche zu lösen, so dass es auch hier – beim Sprechen und Schreiben - wiederum zum Anwachsen der Diskrepanzen zwischen Anforderungsniveau und realem Tätigsein kommt. Auch in anderen Kompetenzbereichen kommt es also zu Defiziten.
3. Solche Schüler spüren natürlich die eigenen Schwächen. Aufgaben, die man nicht bewältigt, werden auch nicht gerne getan – das geht uns allen nicht anders – Motivationsverluste, Misserfolgserlebnisse, darauf beruhende geminderte Lernbereitschaft und Minderleistungen sind die Folge – damit ist gewissermaßen der Teufelskreis geschlossen.

Um zu dem Differenzierungsansatz „Differenzierung nach unten" zurückzukommen, lässt er sich **verallgemeinernd** wie folgt beschreiben:

Es wird mit dem allgemeinen Anforderungsniveau theoretisch ein kontinuierlicher Leistungsanstieg geplant, der praktisch jedoch nur von den zwei Dritteln der Schüler vollzogen werden kann, die die jeweiligen Forderungen immer zu 80 – 100 Prozent erfüllen. Die Tatsache, dass das mindestens bei einem Drittel der Schüler nicht der Fall ist, wird dabei vernachlässigt, was gesetzmäßig dazu führt, dass deren Zurückbleiben anwächst und alle Folgen nach sich zieht. Daher diese Antwort: Differenzierung nach unten gelingt eigentlich gar nicht und damit natürlich eine auch nicht die Differenzierung nach unten und nach oben.

Nun aber: Wie gelingt Differenzierung in heterogenen Gruppen? Dazu sieben Positionen.

1. Position
Bei Planung und Gestaltung des Unterrichtsprozesses werden unterschieden: die „Basis" als die zielführende Grundlage für das gemeinsame Lernen und die „Plusteile" als die Zusatzangebote für das differenzierte Arbeiten.

So eifrig Sie auch sind; es ist nicht möglich alle differenzierten Lernprozesse der Schüler im Auge zu behalten und zu steuern. Didaktiker sind sich heute einig, dass es relativ leicht ist allen Kindern differenzierte Aufgaben zu geben, sie individuell unterschiedlich lernen zu lassen, nur die Steuerung der individuellen Lernprozesse liegt dann längst nicht mehr in Ihrer Hand.
Nach all unseren Erfahrungen in Erprobungen und Praxisanalysen ist es wichtig, dass Sie in einer Grobplanung die **Linienführung in der Ziel-Stoff-Relation des Lehrplanes fixieren und damit auch die der Lernprogression.** (Das Lehrbuch sollte sie vorgeben.) An ihr sollten Sie sich jederzeit orientieren können. Es handelt sich um das Grundmodell des gemeinsamen Unterrichts, das wir hier – nur zum besseren Verständnis - als Basis bezeichnet haben. Um das Bild eines Autos zu nehmen, sind es alle Teile, die für ein verkehrsgerechtes Fahren erforderlich sind. (Darauf bezieht sich auch der Grundpreis des Fahrzeugs.) Die Extras, also das Tuning, die goldenen Radkappen, die Xenonscheinwerfer, die Sitzheizung sind hier nicht dabei. Und da wären wir auch schon beim Plus, jenen Komplettierungsteilen, die – u. a. für eine Differenzierung - genutzt werden können, genutzt werden können, aber nicht müssen. In der Regel ist es notwendig, dass die/der Lehrende den bedingungsadäquaten und individuellen Zuschnitt des Grundmodells vornimmt, dass sie/er Übungen in einer gegebenen Übungsfolge variiert, austauscht, erweitert, ergänzt.
Ich will es noch einmal deutlich formulieren, auch zur besseren Navigation in dem Labyrinth von Differenzierungsmaßnahmen: **Es gibt da so etwas wie eine zielführende Basislinie an Aufgaben, Texten und Übungen, an der man sich immer wieder zu orientieren hat, und es gibt ein zusätzliches Differenzierungsangebot, das man nutzen kann, aber nicht nutzen muss.** Das konkrete unterrichtliche Geschehen ergibt sich also in seiner Gesamtheit - vereinfacht ausgedrückt - aus der Umsetzung der Aufgaben der Basis (des Fundamentums) plus Aufgabenkomplettierung mittels Differenzierungsangebot.
Damit hängen noch zwei Forderungen zusammen:

1. Die Aufgaben im Lehrwerk, vor allem die der Basis, dürfen **nicht übermäßig eng** miteinander **verkettet** werden, so dass – wenn es notwendig ist – jederzeit in die Basis Plus-Aufgaben (des Differenzierungsangebotes) integriert werden können und – unab-

hängig von den im differenzierten Unterricht erzielten Ergebnissen am Ende der Differenzierungsphase mit dem gemeinsamen Unterricht fortgefahren werden kann.
2. Die Umsetzung der in der Basis gegebenen Aufgaben darf nicht die gesamte **Unterrichtszeit** beanspruchen. Sonst wäre der „Einbau notwendiger Komplettierungen" kaum möglich. Eine zu strenge und zu kleinschrittige, auf die Minute ausbilanzierte Linearität im Lehrwerk wirkt sich hemmend auf die Differenzierung aus – die Lehrerinnen und Lehrer können aus den vorgegebenen Größen, die ihnen gewissermaßen ein Zeitkorsett anlegen, nicht ausbrechen.

2. Position:
Das allgemeine Anforderungsniveau der Basis ist von der übergroßen Mehrheit der Schülerinnen und Schüler zu erreichen. Es wird von der Basis aus nach oben differenziert.
Eine solche „Differenzierung nach oben" hat gegenüber einer „Differenzierung nach unten" (mit hohem allgemeinen Anforderungsniveau und anspruchsreduzierten Aufgaben für leistungsschwächere Schüler) verschiedene Vorteile:
1. Lerntheoretische: Das **Übungs- Aufgaben- und Textangebot** bezogen auf die Basis ist auf den **Erklärungs-, Festigungs- und Übungsbedarf** der überwiegenden Zahl der Schüler zugeschnitten.
Oft tut ein umfangreiches Festigen und Wiederholen auch leistungsstärkeren Schülern sehr gut. Ihr Bedarf wird gegenwärtig nicht selten unterschätzt.
2. Unterrichtspraktische: Nach Phasen modularer Individualisierung lässt sich der **anschließende Unterricht** relativ unproblematisch als gemeinsamer Unterricht auf dem Basisniveau durchführen.
3. Eine „Differenzierung nach oben" ist praktisch auch deshalb leichter zu handhaben, weil schneller arbeitende (in der Regel leistungsstärkere) Schüler Zusatzaufgaben/ Zusatztexte erhalten, die sie meist **selbständig** bewältigen können, während schwächere Schüler infolge fehlender Methodenkompetenz oft nicht in der Lage sind, zeitlich parallel selbstständig zu arbeiten.
4. Bei einer „Differenzierung nach oben" ist es erfahrungsgemäß leichter, **alle** Schüler zu **Erfolgserlebnissen** zu führen und zu motivieren, während ein Unterricht, in dem ein Teil der Schüler aufgrund von Rückständen nicht handlungsfähig und deshalb auch nicht motiviert ist, schnell zu erheblichen Disziplinproblemen führt und so gesehen auch für starke Lerner weniger effektiv ist. Auch hier gilt: Nichts ist so erfolgreich wie der Erfolg. Durch Erfolg erwerben die meisten Menschen Zutrauen zu sich selbst und werden umgekehrt durch Misserfolg demotiviert.

3. Position:
Das zusätzliche Differenzierungsangebot wird variabel genutzt. Eine permanent feste Zuordnung zu bestimmten Schülerinnen und Schülern wird vermieden.
Werden im Lehrwerk Aufgaben nach verschiedenen Schwierigkeitsniveaus gekennzeichnet und erhalten Leistungsstärkere immer die schwierigeren und Leistungsschwächere permanent die leichteren Aufgaben, führt das unweigerlich zu deren Stigmatisierung. Diese beeinträchtigt nach aller Erfahrung in erheblichem Maße das Lernklima und damit auch die Effizienz des gesamten Lernens in der Klasse. Konstante Gruppierungen machen blind für positive Entwicklungen, vor allem wenn diese erst in Ansätzen gegeben sind.

Manchmal ist man erstaunt, was ein Erfolgserlebnis bei einem Schüler bewirkt, der vielleicht in den letzten Jahren noch nie eines hatte. Vertrauen in die Entwicklungsfähigkeit der Schüler ist Grundlage des Erfolgs; dabei dürfen die Grenzen nicht zu eng gesetzt werden. Schüler können nicht alles gut oder alles schlecht. Diese Unterschiede gilt es zu kennen und zu nutzen, um Erfolgserlebnisse auch bei schwächeren Schülern zu schaffen.
Deshalb ist das Differenzierungsangebot (z. B. im Lehrwerk) so zu gestalten, dass es völlig flexibel gehandhabt werden kann: So soll es – je nach aktueller Unterrichtssituation – vollständig oder teilweise realisiert werden können. Es soll von Fall zu Fall unterschiedlich von einzelnen Schülern oder von Lerngruppen oder manchmal auch von allen Schülern einer Klasse in Anspruch genommen werden können. Es soll – je nach aktuellen Bedürfnissen und Möglichkeiten – genutzt werden können z. B. von schneller arbeitenden Schülern und/oder von Schülern mit höherem Leistungsniveau und/oder größerer Selbstständigkeit und/oder höherer Lernmotivation und schließlich sollen die Zusatzaufgaben funktionieren, egal ob sie von den Lehrern oder von den Schülern ausgewählt werden. Zusätzlich zum Basisraster (Basiskompetenzen) können also die unterschiedlichsten Zusatzkompetenzen angestrebt und realisiert werden.

4. Position
Die Wiederholung ist konzeptioneller Bestandteil des Gesamtlehrgangs; Planung und Verteilung im Lehrwerk entsprechen den Erfordernissen des Aneignungsprozesses.
Ein berühmter Pädagoge des 19. Jahrhunderts verglich einen Lehrer der nicht wiederholen lässt, „mit einem betrunkenen Kutscher, der seine Last schlecht aufgeladen hat. Der Kutscher treibt die Pferde an, ohne zurückzublicken, bringt einen leeren Wagen nach Hause und rühmt sich noch, den Weg so schnell zurückgelegt zu haben."

(Quelle E+D im RU, S. 72: Uschinski, K. D.: Ausgewählte pädagogische Schriften. Volk und Wissen Volkseigenet Verlag, Berlin 1963. Zitiert nach: Erlebach, E.; Ihlefeld, U.; Zehner, K: Psychologie für Lehrer und Erzieher. Volk und Wissen Volkseigener Verlag, Berlin 1970, 8. 129.)

Wiederholt werden muss in jedem Unterricht. Je weiter man auf dem Weg des Kompetenzerwerbs vorankommt, desto notwendiger ist es, zurückzublicken und das „Aufgeladene" festzuhalten. Geschieht dies nicht, so wird nicht nur – um bei dem Bilde zu bleiben – die Last herunterfallen, es wird, zugleich auch immer schwieriger, neue Last sicher hinzuzuladen und zu befestigen.
Es besteht kein Zweifel, dass im Prinzip jeder Stoff (hier meine ich im Sinne des kompetenzorientierten Unterrichts Kenntnisse genauso wie Fertigkeiten und Fähigkeiten) nach der Vermittlung bzw. Aneignung zum potentiellen Wiederholungsstoff wird. Damit besteht praktisch zu jedem Zeitpunkt des schulischen Lehrgangs für alle Schüler eine große und ständig weiter anwachsende Menge an Wiederholungsstoff. Angesichts dieser Menge des Wiederholungsstoffes ist es nun unmöglich, jeden Stoff zu jedem Zeitpunkt beliebig, zu wiederholen. Ein solches Vorgehen ist auch weder notwendig noch sinnvoll, muss doch der Gegenstand der Wiederholung immer dem jeweils gegebenen Wiederholungsbedarf entsprechen. Dieser Bedarf wird von einer Reihe unterschiedlicher Faktoren bestimmt, die sowohl objektiver als auch subjektiver Natur sein können.
Zu, den **objektiven** Faktoren, die den Wiederholungsbedarf beeinflussen, gehören zum Beispiel das Anforderungsniveau des Stoffes, die Bedeutsamkeit des Stoffes für den Aneignungsprozess, der Grad der Einprägsamkeit des Stoffes.
Von Lehrwerksautoren kann man heute verlangen, dass diesen objektiven Faktoren im Lehrwerk entsprochen wird und die entsprechende notwendige Wiederholung durch den **konzeptionellen Aufbau des Lehrgangs** gewissermaßen **erzwungen** wird (bei der Ba-

sis berücksichtigt wird). Damit wird der Lehrer entlastet, die langfristige Wiederholung selbst zu planen und – auch zeitlich – zusätzlich zum Jahreslehrgang des Lehrwerkes durchzuführen. Er kann sich stärker dem individuell unterschiedlichen Wiederholungsbedarf der Schüler zu widmen. Zu prüfen ist beim Lehrwerk also auf jeden Fall: Wie hält man es mit der systematischen Wiederholung? Was wird wiederholt? In welchem Rhythmus wird wiederholt? Wie ist das Verhältnis von Neuvermittlung und Wiederholung? Sind die Jahresstoffe so strukturiert, dass der langfristigen Wiederholung genügend Raum gegeben wird? An den Folgen einer vernachlässigten Wiederholung leiden vor allem leistungsschwächere Schülerinnen und Schüler, die in der Regel einen erhöhten Festigungs- und Wiederholungsbedarf haben. Das alles bezieht sich, wie gesagt, auf die Basis.

Selbstverständlich müssen wir von einem Lehrwerk heute aber auch erwarten, dass im Rahmen des Differenzierungsangebots Wiederholungsaufgaben zur individuell differenzierten Nutzung in ausreichendem Maße zur Verfügung gestellt werden.

5. Position
Aufgaben und Übungen sind so projektiert, dass mit allen Sinnen gelernt und dem Prinzip der methodischen Kompensation entsprochen wird.

Alle Schülerinnen und Schüler sollten - ungeachtet ihrer unterschiedlichen **Ansprechbarkeit** zum Beispiel auf **auditive oder visuelle Reize, auf imitativ-intuitive oder kognitiv-analytische Reize** – die für ihren Kompetenzerwerb optimalen Lerntätigkeiten ausüben. Manches Kind erschließt die Mathematik über logisch-abstrakte Zugänge, ein anderes begreift erst, wenn die konkreten (lebens)praktischen Bezüge deutlich werden. Differenzieren zu wollen nach individuellen Lerntypen – ist ein nahezu aussichtsloses Unterfangen. Vielmehr sollte das Übungs-, Aufgaben-, Textangebot der Lehrwerke komplex und vielseitig gestaltet sein. Es muss beispielsweise als Sprachbuch jeweils hinreichend viele Hör- **und** Sprech- **und** Lese- **und** Schreib**übungen** enthalten. Es muss eine hinreichende Menge von Übungen sowohl zur mustergesteuerten Imitation und Analogiebildung als auch zur regelgesteuerten Rezeption und kreativen Produktion umfassen. Es müssen neben geschlossenen auch genügend offene, kreativ zu lösende Aufgaben gestellt werden. Ein solches Angebot macht das Lehrwerk für alle „**Lernertypen**" oder „**Intelligenztypen**", wie es auch manchmal heißt, effektiv und damit geeignet für alle Schülerinnen und Schüler, ungeachtet ihrer individuell unterschiedlichen Ansprechbarkeit auf Auditives oder Visuelles, auf Imitativ-Intuitives oder Logisch-Diskursives. Es schafft günstige Voraussetzungen für den so genannten „gemischten Lernertyp", zu dem beispielsweise auch die meisten der leistungsschwächeren Schüler gehören.

Durch eine derartige Komplexität und Vielseitigkeit des Lehrwerksangebots ist es möglich, den unterschiedlichen Lernstilen entsprechend dem Prinzip der methodischen Kompensation Rechnung zu tragen.

6. Position
Der Unterricht weist eine Unterrichtsorganisation auf, bei der die unterschiedlichen Kooperationsformen zum Tragen kommen.

Im Rahmen der Differenzierungsdiskussion wird viel über die drei Hauptunterrichtsformen gestritten: über Frontalunterricht, Gruppen- und Partnerlernen (inkl. Projektunterricht)und individuelles Lernen (inkl. individuell-differenziertes Lernen).

Allen drei Unterrichtsformen muss (natürlich neben der Persönlichkeitsbildung) ein Ziel gemeinsam sein, nämlich Wissen, Fertigkeiten und Fähigkeiten so zu vermitteln, dass diese Inhalte möglichst langfristig im deklarativen bzw. prozeduralen Gedächtnis der Schüler haftenbleiben.

Alle Überprüfungen des Wissens, das junge Menschen fünf Jahre nach Schulabschluss noch besitzen, gelangen zu niederschmetternden Ergebnissen und lassen den zynischen Schluss zu, dass das deutsche Schulsystem einen Wirkungsgrad besitzt, der gegen Null strebt.
Gehen wir also die oben genannten Unterrichtsformen unter diesem Gesichtspunkt durch.

Der Frontalunterricht, der wohl auch heute noch die gängigste Form des Unterrichts darstellt (in der Literatur wird ein Anteil von 90 Prozent genannt), wenngleich viele Lehrer ihn — völlig zu Unrecht — mit schlechtem Gewissen halten (»Mache ich da nicht etwas ganz Schlimmes? Bin ich damit unmodern?« Selbst der Begriff ist oft verpönt. In diesem Zusammenhang wird auch von „direkter Instruktion" gesprochen.) Frontalunterricht hat bei entsprechen der Vorbereitung und entsprechendem didaktischen Können (s. unten) den großen Vorteil einer klaren Zielsetzung, Aufgliederung und Darbietung des Stoffes bei gleichzeitiger direkter Kontrolle des Ablaufs.

Forderungen für den Frontalunterricht: Wann ist F. effektiv?
a) Basiswissen nachhaltig vermitteln
Dagegen wird in unserem Unterricht wohl am meisten verstoßen: Inhalte werden meist ohne hinreichende Rücksicht auf Nachhaltigkeit vermittelt, wenn zum Beispiel das Hauptziel darin besteht mit dem Stoff »durchzukommen«. Es geht aber nicht darum, dass viel angeboten wird, sondern dass von dem Angebotenen viel hängenbleibt.
Ein absolutes Muss ist hier die radikale Reduktion der Unterrichtsinhalte aufgrund der Erkenntnis »weniger ist meist mehr«. Es ist nutzlos, in einer gegebenen Zeitspanne mit höherem Druck mehr »Stoff« durch den Flaschenhals Arbeitsgedächtnis hindurchzujagen, denn dabei kommt es wie im Straßenverkehr nur zu Staubildungen und Effektivitätsminderungen. Weniger Stoff, besser vermittelt, ist wesentlich effektiver als mehr Stoff schlecht vermittelt. Insbesondere die Minderleisten den sind die Leidtragenden einer falschen Unterrichtsstrategie.
Roth: Das erstmalig Gehörte oder Gelesene wird im Kurzzeit- und Arbeitsgedächtnis verarbeitet, gelangt dann stark gefiltert in das intermediäre Gedächtnis und schließlich über den Prozess der Konsolidierung in das Langzeitgedächtnis. Im Normalfall, d.h. ohne besondere Unterstützungsmaßnahmen, stellt dies eine große Informationsreduktion dar, d.h. es kommen nur Bruchteile der ursprünglichen Information im Langzeitgedächtnis an, und noch weniger schaffen es, sich dort dauerhaft zu verankern.

b) Anknüpfen an das Vorwissen der Schüler
Auch Lehrer erliegen leicht der Illusion, dass Schüler Dinge können müssten, weil sie im Unterricht lange und ausgiebig behandelt wurden. Menschen vergessen, und in der Regel liefern Ergebnisse von Klassenarbeiten keine guten Prognosemöglichkeiten für den Kenntnisstand drei Wochen nach der Klassenarbeit. Auch wenn Lehrer dieses Problem kennen, werden sie schon aus Gründen des Selbstschutzes annehmen, dass die Schüler viel mehr wissen, als das tatsächlich der Fall ist. Die derzeitige Praxis der Klassenarbeiten nährt somit Verständnisillusionen.
Folgende Maßnahmen könnten die Effizienz des Unterrichts im Sinne nachhaltigen Lernens wesentlich verbessern:

- Durchführung kleiner offener Tests am Anfang jeder Stunde mit anschließender kurzer Wiederholung des Inhalts der letzten Stunde(n) (vgl. Leeming 2002).
• Durchführung gemeinsamer Zusammenfassungen am Ende der Stunde
Wichtig dabei ist, dass jeder Schüler dazu aktiv einen Beitrag leistet.
• Durchführung von kleinen Tests am Ende der Woche
Es werden jeweils 10 Aufgaben gestellt, die aufgrund des Unterrichts eigentlich alle gelöst werden könnten. Wer dann mindestens acht Aufgaben richtig gelöst hat, was sich durch Partnerkontrolle sofort feststellen lässt, kann mit seinem Lernerfolg zufrieden sein; bei weniger richtigen Lösungen sollte **nachgearbeitet** werden.

c) Zerlegung in kleine aufmerksamkeitsgerechte Portionen
Es ist gerade für junge Menschen schwer, derselben Person und derselben Stimme für mehr als 30 Minuten konzentriert zuzuhören. Deshalb sollte jeder Frontalunterricht in »einem Stück« eine solche Zeitgrenze nicht überschreiten und zudem in kleine zerlegt sein.

Dies beinhaltet die Erkenntnis, dass niemand einem neuen Stoff mehr als Minuten konzentriert zuhören kann, und dass das Arbeitsgedächtnis dann Gelegenheit haben muss, »Atem« zu holen, d.h. das Gehörte oder Gelesene vorläufig zusammenzubinden und so ins intermediäre Gedächtnis abzulegen. Andernfalls »schiebt« die neue Information die alte aus dem Arbeitsgedächtnis heraus, und diese ist dann weg. Der Frontalunterricht von maximal 30 Minuten muss daher, eingeleitet durch eine klare Erläuterung dessen, was jetzt kommt, »arbeitsgedächtnis- und aufmerksamkeitsfreundlich« in kleine Portionen unterteilt werden (s. von Aufschnaiter 2003). Dies bedeutet, dass der Stoff in kurzen 3-minütigen »Spannungsbögen« präsentiert werden sollte, die von einer kurzen Zusammenfassung (»Wo stehen wir jetzt?«), einer lustigen Bemerkung und nachfolgendem befreienden Lachen oder einem erläuternden Hinweis usw. unterbrochen werden.

d) Mehr mit Lösungsbeispielen arbeiten.
Der Erwerb neuen Wissens wird erleichtert, wenn bei komplexen Inhalten vor der Übungsphase mehrere Lösungsbeispiele gemeinsam studiert und analysiert werden. Da die Erarbeitung eines neuen komplexen Gegenstands den Engpass Arbeitsgedächtnis berücksichtigen muss, ist vor einer selbstständigen Lösung von Aufgaben eine aktive Analyse von ausgearbeiteten und kommentierten Lösungsbeispielen sinnvoll. Die dazu durchgeführte Forschung belegt eindeutig, dass eine solche Lernsteuerung weit effektiver ist als ein verfrühtes eigenständiges Problemlösen.

e) Reproduzieren Testen statt mehrfaches Durcharbeiten
Wenn man sich mit einem Gegenstand neu vertraut gemacht hat, bringt ein zweites Durchlesen im Schulbuch wenig. Effizienter ist es, wenn statt des zweiten Durcharbeitens zunächst ein Test absolviert wird, der den Schüler zwingt, darzustellen, ob er noch die wichtigsten Punkte allein und ohne Hilfe rekonstruieren kann. Durch dieses Testen allein lernt der Schüler deutlich mehr als durch nochmaliges Lesen

f) Lernpensen verteilen statt einmalig massiert vermitteln
Wie wirkt es sich aus, wenn die gleiche Lernzeit auf zwei oder drei Zeiträume statt auf einen Zeitraum verteilt wird (z. B. eine Stunde am Freitag, eine am darauf folgenden Montag und eine am Mittwoch statt drei Stunden am Mittwoch)? Nehmen wir an, am nächsten Tag würde eine Klassenarbeit geschrieben. Bei diesem Test würde der Schüler, der kurz zuvor drei Stunden gelernt hat, etwas besser abschneiden als der Schüler, der sein Lernpensum auf drei Zeiträume verteilt hat. Ganz anders sieht jedoch das Er-

gebnis aus, wenn man die Behaltensleistung eine Woche später erfasst. Hierbei würde die Person, die das Lernpensum verteilt hat, erheblich besser abschneiden — in einem Experiment von Rohrer und Taylor (2006) war der Lösungsprozentsatz der Lerngruppe, die das Lernpensum auf zwei statt auf einen Zeitraum verteilt hat, doppelt so hoch!

Der **Gruppenunterricht**, besonders als Kleingruppen- und Tandem- oder Partnerunterricht, bringt viel weniger kognitive Belastung mit sich, hat aber zugleich einen erheblich geringeren Wirkungsgrad. Der Gruppenunterricht kann dazu beitragen, die Sprechaktivität jedes einzelnen Schülers zu erhöhen. Er sollte entweder als kognitiv-emotionales Kontrastprogramm dienen, d.h. die Schüler beschäftigen sich in der Gruppe oder im Tandem mit anderen Aspekten des Themas (Differenzierung nach oben), oder dasjenige, was der Lehrer »frontal« vorgetragen hat, wird vertieft (z. B. Erhöhung der Sprechhäufigkeit im Fremdsprachenunterricht Der Umfang der Sprechtätigkeit des einzelnen Schülers beispielsweise liegt durchschnittlich oft unter zwei Minuten pro Unterrichtsstunde.). Gruppenunterricht ist aber immer nur durch erhebliche Mitwirkung des Lehrers, der von Gruppe zu Gruppe geht und kontrolliert, effektiv.
Allerdings gilt hier (vgl. Neubauer und Stern, 2007), dass ein solches Lernen den Begabteren mehr hilft als den weniger Begabten.

Die **Einzelarbeit** ist in noch höherem Maße von der Persönlichkeit, dem Lernstil, dem Motivationszustand und dem Wissensstand des einzelnen Schülers abhängig und erfordert deshalb einen besonderen diagnostischen und betreuenden Aufwand durch den Lehrer. Oft wird wohl die Möglichkeit eines Schülers, sich Dinge selbständig bzw. selbstorganisiert zu erarbeiten, weit überschätzt. Einzelarbeit hat ebenso wie Gruppen- und Tandemarbeit den Vorteil der kognitiven Entlastung, führt aber nur dann zu einem Kompetenzfortschritt, wenn den Kindern vorher beigebracht wird, wie man selbständig lernt.

7. Position
Der Unterricht fördert das bewusste, selbständige Lernen der Schülerinnen und Schüler.
Bewusstheit und Selbständigkeit der Schüler beim Kompetenzerwerb eröffnen weitreichende Individualisierungsmöglichkeiten, wobei die Subjektposition der Schüler zum Tragen kommt. Durch klare, auf das Wesentliche orientierende Formulierungen der Aufgabenstellungen (Operationen), durch die immanente Verdeutlichung des jeweiligen Lernziels, durch Rückkopplungsmöglichkeiten (zum Beispiel Lösungsschlüssel sowie durch die Vermittlung von Schrittfolgen (Lernmethoden und Arbeitstechniken – egal, wie die Operationsfolge benannt wir, Lern-methode oder Arbeitstechnik) kann das Lehrwerk wesentlich dazu beitragen, die Schüler zu befähigen,
- ihre individuellen Lernergebnisse selbständig zu kontrollieren sowie in dem individuell notwendigen Maße, gegebenenfalls unter selbständiger Nutzung von Wissensspeichern und Nachschlagewerken, zu vervollkommnen;
- bei der individuellen Lernarbeit rationelle Lernmethoden und Arbeitstechniken zu verwenden;
- den für sie effektivsten Lernstil zu erkennen und – soweit wie möglich – ihre Lernweise zunehmend auf diesen zuzuschneiden, so beim individuellen häuslichen Lernen, bei der Anlage individueller Wissensspeicher, bei der selbständigen Beseitigung individueller Wissenslücken, Fertigkeitsmängel usw.
Damit werden die Schülerinnen und Schüler immer mehr an der didaktisch-methodischen Gestaltung des Aneignungsprozesses bzw. an dessen Zuschnitt auf die individuellen subjektiven Bedingungen beteiligt.

Ein Schlussgedanke: Praktikabilität!
Differenzierung ist eine große Herausforderung für jeden Lehrer. Das Lehrwerk kann hierbei eine große Unterstützung sein. Alle Differenzierungsstrategien haben nur dann Aussicht auf permanente Realisierung haben, wenn sie mit akzeptablem Aufwand in die Unterrichtspraxis umgesetzt werden können und nicht die Anwendung zeit- und kraftaufwändiger Diagnose-, Kontroll- und Organisationsinstrumentarien erfordern. Der Lehrer hat m. E. keine Zeit, tagtäglich vielfältige Materialien zu sichten, auszuwählen, zu ergänzen, auf die Schülerinnen und Schüler zuzuschneiden und daraus den Gesamtlehrgang aufzubauen. Wenn er sich wirklich seinen Schülern zuwenden will, und das kann ihm kein Lehrwerk abnehmen, muss ihm das Lehrwerk die Gesamtlinienführung des Unterrichts in überschaubarer Form anbieten und er erweitert, modifiziert, ergänzt usw.

BEI GRIN MACHT SICH IHR WISSEN BEZAHLT

- Wir veröffentlichen Ihre Hausarbeit, Bachelor- und Masterarbeit

- Ihr eigenes eBook und Buch - weltweit in allen wichtigen Shops

- Verdienen Sie an jedem Verkauf

Jetzt bei www.GRIN.com hochladen und kostenlos publizieren